李石柱／著

中国财富出版社

图书在版编目（CIP）数据

高效做事12招 / 李石柱著. —北京：中国财富出版社，2017.3
ISBN 978-7-5047-6425-6

Ⅰ.①高… Ⅱ.①李… Ⅲ.①时间—管理—通俗读物 Ⅳ.①C935-49

中国版本图书馆CIP数据核字（2017）第053263号

策划编辑 张 茜　　**责任编辑** 张 茜
责任印制 方朋远　　**责任校对** 孙会香 张营营　　**责任发行** 敬 东

出版发行 中国财富出版社
社　　址 北京市丰台区南四环西路188号5区20楼　　**邮政编码** 100070
电　　话 010-52227588转2048 / 2028（发行部）　　010-52227588转307（总编室）
010-68589540（读者服务部）　　010-52227588转305（质检部）
网　　址 http: // www. cfpress. com. cn
经　　销 新华书店
印　　刷 北京京都六环印刷厂
书　　号 ISBN 978-7-5047-6425-6 / C·0216
开　　本 889mm×1194mm　1 / 32　　**版　　次** 2017年4月第1版
印　　张 3.25　　**印　　次** 2017年4月第1次印刷
字　　数 46千字　　**定　　价** 18.00元

自序

我曾在中关村科技园区管委会工作多年，那里繁重的工作、快速的节奏使我形成一种与之相适应的工作、生活习惯。2012年，我到北京物资学院担任党委书记，高校的慢节奏、低执行力促使我思考如何带出一支有较高创新力和较高工作效率的队伍。我把自己过去的工作经验和习惯进行总结提炼，并用它来指导我现在的工作。之后，我把在实践中被证明行之有效的做法用来帮助学校的同事和下属，得到大家的认可。现在我将它写出来，奉献给读者，以期能对读者有所帮助。

在当今信息社会飞速发展、就业压力日益增大、职场人才流动加速的时代，如何抓住机遇、提升效率、创造效益，获得职业的成长与事业的成功，应该是每位身处职场中的人思考的问题。日常工作、生活中我们经常看到，同样的事情不同的人运用不同的方式方法去做，投入的时间和成本有很大的差异，效果也大相径庭。高效的做事方法就是让人以适当的投入获得最大的成效、以最小的成本获得最大的产出，达到事半功倍的效果。只有掌握高效做事的创新型思维方法，养成高效做事的行为习惯，才能从容应对工作和生活中遇到的诸多问题。

源于实践、回归实践是本书的宗旨所在。它从总结日常工作和生活中存在的一些现象和问题出发，又回归到如何解决这些问题本身；它没有大而统之的说理，也没有高屋建瓴的评述，只是自己的日常观察、点滴感悟，从不同的思维角度提出问题，述事说理，寓理于事，把零散的尚不系统的解决问题的方法具体化。应该说，如何高效做事并没有统一的答案，这里只求给人一种思考，提供“方寸之法”，以便于大家更好地开拓自己的职场之路，走向成功的人生。

李石柱

2017 年 1 月于中央党校

目　录
CONTENTS

决定要做的事马上就做　/　1
——一论在日常工作和生活中养成高效做事的习惯

做事要到位　/　7
——二论在日常工作和生活中养成高效做事的习惯

通过有效的人际沟通争取多方支持　/　14
——三论在日常工作和生活中养成高效做事的习惯

用过的东西及时恢复到随时能再用的状态　/　22
——四论在日常工作和生活中养成高效做事的习惯

善于借助移动终端用好碎片时间　/　28
——五论在日常工作和生活中养成高效做事的习惯

善于把身心调整到最佳状态　/　39
——六论在日常工作和生活中养成高效做事的习惯

善于主动“谋事”　/　47
——七论在日常工作和生活中养成高效做事的习惯

善于把握“问题导向”　/　57
——八论在日常工作和生活中养成高效做事的习惯

为明天做好准备　/　67
——九论在日常工作和生活中养成高效做事的习惯

顺势而为　/　77
——十论在日常工作和生活中养成高效做事的习惯

化被动接受任务为主动谋事　/　83
——十一论在日常工作和生活中养成高效做事的习惯

借力而行　/　92
——十二论在日常工作和生活中养成高效做事的习惯

决定要做的事马上就做

——论在日常工作和生活中养成高效做事的习惯

在日常工作和生活中，我们经常会看到一种现象：一件事情本来可以今天完成，却被拖到明天，明天又拖到后天。结果，一件极其简单的事，由于长期拖延而导致外部环境变了，事情也变得很难办。更多的情况是，本来处理事情的时间很从容，由于拖延最后变得很急迫、很忙乱，甚至影响整体工作，造成严重后果。

人们为什么喜欢拖延？分析下来，大致有

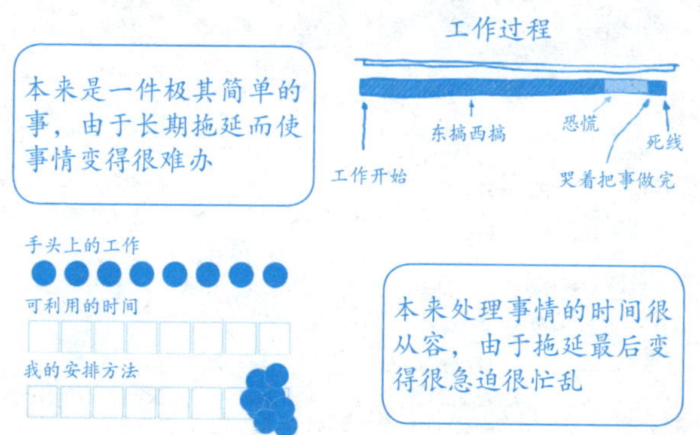

以下几种原因。

一是办事爱拖沓。认为尚有足够时间不用着急，可以暂时放一放，只要到期能完成就行；或者即使开始做了，但总觉得时间富裕而没有抓紧，结果让本来充裕的时间最后变得非常紧张。二是遇事没办法。在做事的过程中遇到困难，束手无策或有畏难情绪，就想拖一拖再说，结果事情一多就放下了。三是总想等机会。认为做事时机尚不成熟，暂时搁置等待环境条件

变化。四是根本不想做。接到工作任务后，心里有抵触情绪，但又不好挑明。

高效做事的习惯应该是：如果没有暂时搁置的必要，决定要做的事马上就做。

这样做的好处，归纳起来至少有以下四点。

一、可以在完成时间上超出别人的期待，给人带来惊喜。

通常情况下，完成一件事情时，只有给人超出期待的结果才能达到最佳的效果。当领导交办下属或者他人托办一件事情之后，领导和委托方自然会对结果的满意度和提交结果的时间有所期待。超过时限或达不到所要的结果自然会让人失望甚至不满；即使按照期望的时限和水平给出结果，至多也只能是让人基本满意。如何才能让人非常满意？答案是：要给人以超出期待的结果。这样才会让人惊喜，让人感觉你对这件事情很重视。而且，相比较而言，让人在时间上惊喜，往往要比让人在水平上惊喜容易得多。

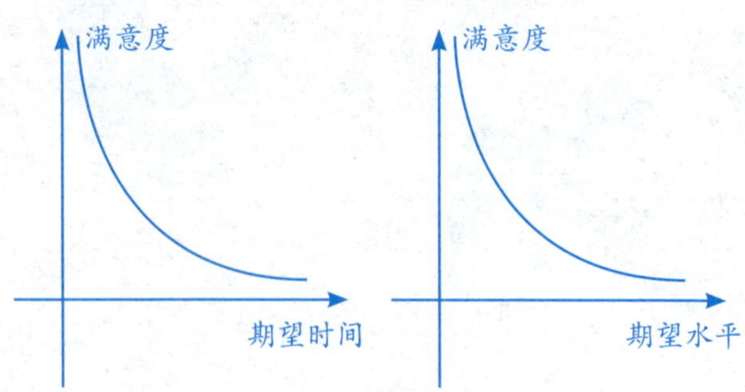

二、可以有充裕时间征求委托方意见并做进一步完善。

早拿出结果，即使是初步的，也可以有足够时间向委托方征求意见，以便做进一步的完善；以“早拿出结果”为追求，那么，如果在做事过程中遇到未预料到的困难，也有宽松时间想办法尽快克服。

三、可以腾出手来专注于其他重要事情。

如果要办的事情非常多，定然会影响对重要事情的关注度。因为人们通常要面对许多事情，如果习惯于拖延，面前积累的事情只会越来越多，当有重要或急迫的事情接踵而至时，就会陷入忙乱之中。

四、可以积攒创新经验成为引领者。

在大多数情况下，早拿出结果与晚拿出结

当大家都要做同一件事情时，你做得晚，也许会从别人的经验中获得帮助而付出较少的努力，但你只是一个跟随者而不是引领者

果，你所付出的代价是一样的，许多事情也不会因为你晚做而付出更少的代价。当大家都要做同一件事情时，你做得晚，也许会从别人的经验中获得帮助而付出较少的努力，但你只是一个跟随者而不是引领者。跟随者做事达到的效果是永远不能与引领者相比拟的。

既然如此，决定的事为什么不马上就做呢?

做事要到位

——二论在日常工作和生活中养成高效做事的习惯

现实生活中，我们经常会看到这样的现象：一些事情半途而废，浅尝辄止，只求启动不求结果；一些事情即便做了，却对执行进度和要达到什么结果茫然无知；更有甚者，事情刚启动时就开始高调宣扬，把过程中仅做的一点点事当成典型事例，把目标当成结果夸大宣传，误导公众。还有的沉湎于过程，一味追求

过程的完美，而忘记了做事的最终目标；或者是虽然做了一些事，但却因此引发了一系列矛盾纠纷……

高效做事的习惯应该是：做一件事就要到位，既努力实现目标，也注意做事过程中的方式方法。

首先，做事到不到位要看目标是否实现。

人们做事都有明确的目标，做事的过程也正是达到目标的过程。所以，判断做事是否到位，最终要看目标是否达成。

当然，目标是否正当合理、实现的现实可能性有多大，是事情能否做到位的前提。当目标确定之后，必须要有相应的实施方案和措施，并努力落实到位。在落实过程中，一要牢

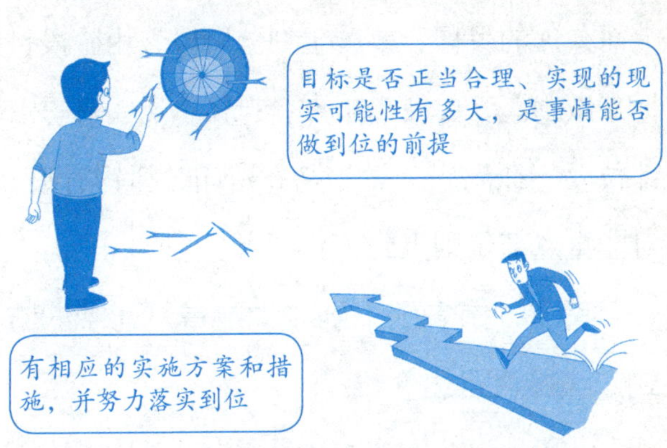

记目标，切勿沉湎于过程而忘记终极追求。所谓“不忘初心，方得始终”。做事过程中，要有一种“咬定青山不放松”的韧劲，不必计较一城一地的得失。二要以目标为导向优化过程，聚集资源。要随着事情的进展将目标逐步细化，并不断用目标激励做事的动力。对于宏

大而久远的目标，要善于划分阶段、用阶段目标来激励。三要突出重点，抓住重点。对重点部位要一抓到底，做到踏石留印，抓铁有痕；对非重点部位则点到为止即可。

其次，做事到不到位也要看过程中的方式方法是否合适。

一般地说，方式方法是否合适，除了看能否达到目标之外，还要把握好以下三点。

一是是否以法律和制度约束为底线。

要把行为方式严格约束在法律和制度规定的范围内，法律和制度规定不允许的事情绝对不能做。在对待私利上，古人云“君子爱财，取之有道”，说的也正是这个道理。

二是是否以火候和分寸为考量。

说话办事是否到位还要看时机、场合是否合适，掌握的分寸是否恰当。做任何事情都是在一定的时间与空间里去完成的，这就要求充分考虑时空所构成的外部环境和自身之间的相互影响。掌握分寸就是要把握好“度”。常言“过犹不及”，指的就是做过头了和没做到位是一样的。实际生活中,往往是“过”比“不及”更为有害。因为“不及”时仍可加大力度，尽量弥补完善；而做“过”了往往覆水难收，很可能带来无法挽回的后果。

三是是否以别人乐于接受为追求。

在坚持原则的前提下，对方式方法的选

择要尽可能灵活，要充分照顾到别人是否乐于接受。简单生硬甚至粗暴的方式貌似坚持原则，其实是意气用事甚至是不负责任的表现。有的人做事只求结果不顾过程，最后事情虽然做了，目标也实现了，但却惹出了许多人际纠纷和矛盾。要知道，人要不断做事，人与人之间的和谐相处是长期共事的基础，切不可只顾眼前而损害长远。当然，因为怕得罪人而不敢大胆做事更是不可取的。说到底，能否采取灵活有效的方式，其实是对解决问题的智慧的考验。解决难题需要多学习、多借鉴，解放思想，善于寻找、善于创新方式方法，用智慧去化解矛盾，达成目标。

到位才能有为，有为才能有位。我们在做事情时，既要追求结果也要追求方式方法的到位，唯其如此，做事的水平才能在这个过程中不断进步和提高。

通过有效的人际沟通争取多方支持

——三论在日常工作和生活中养成高效做事的习惯

在日常工作和生活中，我们经常会看到这些现象：在做事之前，应该与他人打招呼或商量，但不打招呼而自行其是，最终导致他人误解或决策不准确；在做事过程中，未把进展与困难及时向相关人员通报，导致相关工作不能相互有效配合，做事者无法获得帮助；事情做完之后，没有及时汇报结果、总结经验，与之

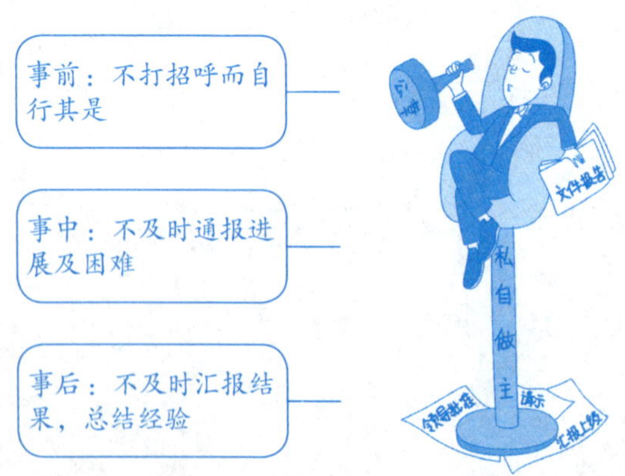

有关的人员并不了解相关情况，导致效果不明显或不被认可，甚至让做事者觉得受到不公平待遇……

高效做事的习惯应该是：在事前、事中和事后，都与所有有关人员保持有效沟通，以最大限度地争取各方支持。

与所有相关人员保持有效沟通

如何才能做到有效沟通呢？

一是及时向有关人员通报要做的事情及进展情况，并了解对方的想法。

做事之前，要充分考虑到这件事可能涉及的方方面面；做事过程中，要照顾上上下下、前后左右，切不可不管不顾、我行我素。对上，

要请示汇报；对下，要公开透明。对过去的事，要继承与衔接；对未来的发展走向，要有所预见。对团队外部的相关同事或兄弟单位，要及时通报、多加商量以争取支持；对团队内部一道工作的同事，要随时沟通，以掌握事件进展、出现的问题与困难，了解新的意见和想法等。

二是在沟通过程中精确加工整理所要传递的信息。

首先，要认真归纳提炼信息，使得传递的信息简单明确而富有针对性。经过归纳提炼

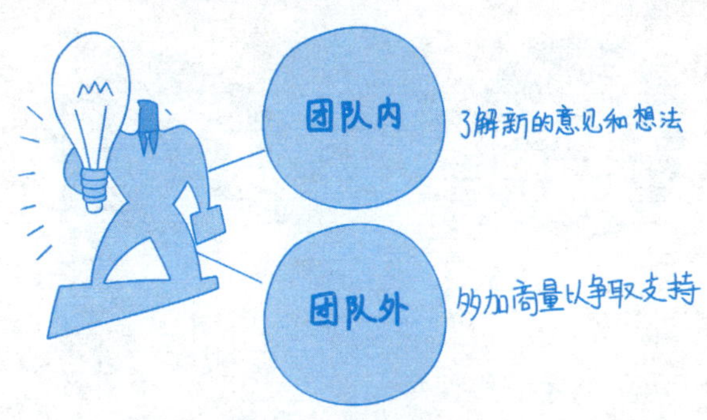

后的信息，其精辟的言语往往更能打动人并利于传播。其次，要精心选择用词，尽量使得信息语言准确而富有美感。由于语言的模糊性和多义性，实际沟通过程中经常存在理解不透甚至产生误解的情况。精心选择用词后的信息，就像是一盘精心烹制、美味可口的菜肴，常能使人“食欲大开”，达到甚至超过预期的效果。

三是根据对象选择合适的表达内容和表达方式。

俗话说：“看人下菜碟。”在进行沟通、传递信息的过程中也可如此，要特别注意因人而异，做到有的放矢，切忌“对牛弹琴”。首先，

针对性

切忌“对牛弹琴”

“看人下菜碟”

要注意根据沟通对象的不同，选择好相应的信息内容，特别是要有意识地选择他们关注、感兴趣或者信息传递者想让对方了解的信息。其次，要注意根据沟通对象的不同，选择合适的表达方式。对于一些较为熟悉或不太重要的沟通对象，可以采用一些相对随意、不太正式的沟通方式；对于一些重要的沟通对象，一定要做好精心准备，尽可能地通过汇报稿、开会、面谈等方式，进行深度的沟通，以让对方深入了解工作情况。

四是善于借用舞台和渠道进行沟通。

与人沟通的场合很重要，为此人们经常会专门付出一定的精力去设计和组织。如开会、聚餐就是专门组织的人际沟通场合。在这个过程中，组织者要花费精力、投入经费，参加者要拿出时间甚至推掉别的聚会而付出机会成本。在这样的场合，组织者有沟通的需求，而参加者也不能完全被动，要充分利用别人搭建的沟通舞台，做好自己想要沟通的事情。这种借用大致有三个环节：正式活动开始前，选取平时很难见到的人，寻找沟通交流机会；活动期间，按照活动议程积极互动；活动结束之后，重点与某些参与者进行一对一沟通。

五是在日常交往中保持感情沟通不可或缺。

工作中的沟通，虽然往往都是出于工作的需要而不牵涉个人私利，但人都是有感情的，在沟通的过程中也难免掺杂个人感情的因素。因此，与沟通对象在日常交往中保持良好的感情沟通，对于实现工作中的良性沟通，往往会起到事半功倍的效果。当然，在日常交往中保持感情沟通，并不是鼓励采取庸俗的请客送礼等方式，更不能逾越法律和道德的底线，而是要通过一些积极、健康的方式进行。比如，通过共同的、健康的兴趣爱好与沟通对象加强交流，在沟通对象遭遇困难和挫折时及时给予关心、帮助等。

用过的东西及时恢复到随时能再用的状态

——四论在日常工作和生活中养成高效做事的习惯

人们日常工作与生活中有许多事情是要经常去做甚至天天去做的，比如，每天早晨醒来都要洗脸、刷牙、吃早饭，每天出门都要走同一条路线去同一个办公室上班，用同一把钥匙打开同一间办公室门……

虽然这些事情如此简单，但我们常常看到，许多人在这类事情上遇到了麻烦，影响了做事效率。比如，钥匙忘带进不了办公室，

要用的材料怎么也找不到了，要出门时才发现汽车没油了，坏了的灯泡一直未更换，丢失井盖的水井口临时用作警示的树枝一直在那放着……

高效做事的习惯应该是：日常工作与生活都要规范化，既要善于建立和调整规范，又要善于保持和运用规范。

任何事情只要你能够坚持不断地去加强它，它终究会变成一种习惯

如果你在遇到麻烦时，还是那么谨小慎微，那麻烦就会变成混乱

首先，建立和调整规范。

所谓建立规范，是指将做事的方式和习惯固定下来，比如，对于常用的东西要固定存放位置，常走的路要选择最佳路线，等等。但同时，我们所处的时代和世界永远是不断发展变化的，因此，我们的工作生活只有不断地学习新东西、创新新方式，才能保持新鲜感和充满活力。相应地，我们建立起来的工作和生活规范，

放回原处

选择最佳路线

也要顺应形势的变化，当规范与新的形势要求不适应时，就需要进行调整和改变，以便更好地提升效率。比如，常走的最佳路线中某段道路开始修路了，那么就要相应地调整路线；出现了电子邮件、微信等新的通信方式，那么就

不必再固守传统的邮寄信件的方式了；等等。

其次，保持和运用规范。

调整规范：要顺应形势变化，及时做调整和改变，提高效率。
◆道路翻修，调整最佳路线
◆顺应时代，运用微信等新的通信方式
……

虽然说工作和生活中的一些规范需要与时俱进，但规范的养成并非易事，因此，一旦形成，就需要保持相对的稳定性，不要过于频繁地变化，否则规范一直无法定型，其实还是

相当于没有规范。这就要求在建立规范时，有一定的超前的眼光，同时在调整和创新规范时要有一个较为慎重的态度，不到万不得已不要随意变动，否则很可能有损做事的效率。

另外，还要善于运用规范。所谓运用规范，就是要把建立起来的规范在生活和工作中反复使用，使之成为渗透进我们骨子里和思想中自然而然的一种习惯，甚至成为我们生活和工作中必不可少的一部分。比如，每次开车回来油不多了就去将油加满、每次灯泡坏了就去及时买新的换上、每次用过的东西都及时把它放到该放的地方，等等，久而久之，我们就能形成一种良好的工作习惯，也就是把所有用过的东西都恢复到能随时再用的状态。

进入办公大楼，请着工作服

规范使用办公室空调

这样，既利于我们提高工作和生活的效率，又利于我们很好地将工作和生活把控在一种良性循环的状态之中。

播种行为，可以收获习惯；
播种习惯，可以收获性格；
播种性格，可以收获命运。
——英国作家萨克雷

善于借助移动终端用好碎片时间

——五论在日常工作和生活中养成高效做事的习惯

人们每天都有大量的碎片时间无法利用。譬如，早上醒来躺在床上的时候、乘坐交通工具的时候、等人的时候、无聊的会议期间，等等。移动终端为这些碎片时间的充分利用提供了可能。

当前，人类已进入互联网时代，特别是以云计算、移动通信、物联网为代表的新一代信息技术把人们带入大数据信息共享时代，这些深刻改变着人们的工作和生活。大量出现并被人们广泛使用的移动终端通过移动网络把人们随时随地联入互联网，为人们的工作生活提供了极大便利。传统意义上的在办公室等固定场所办公的方式，正在逐渐被借助手机、平板电脑等移动终端的移动办公方式所取代，各种信息化管理软件工具也在我们的工作生活中发挥着越来越大的作用。这种随时随地办公和处理个人事务的方式，让工作与生活的边界越来越模糊。工作与生活中移动终端等信息化手段运用的多少和熟练程度，直接影响每个人的工作和生活效率，使人与人之间产生新的差距。

高效做事的习惯应该是：日常工作与生活中善于借助移动终端充分利用碎片时间处理事务。

如今，收发邮件、网上购物、网上银行、网上社交等网络信息化方式，对于手机、平板电脑等移动终端用户而言已经非常普及，给大家的工作和生活带来的好处也是显而易见的。

其实，除此之外，下述类别的事务也完全可以借助移动终端来处理，包括安排日程、处理公文、记笔记、携带常用资料、撰写日记和文章、看新闻、导航等。这些事务都使用网络信息化方式处理的话，我们的工作和生活将会发生更大的改变。

第一，安排日程。

俗话说“好记性不如烂笔头”。在移动终端上运用相关软件安排日程，会让我们在处理公务和安排个人事务上从容不迫，得心应手。原因就在于，移动终端上的“日程”随身而行，既可以随时记载我们的各项预订安排，又可以随时随地进行查阅；既能让我们根据事务的性质标注轻重

缓急进行有序处理，又能根据事务重要或紧急程度随时开展讨论与研究，还能根据事件的变化及时对日程进行修改或完善，这对于提升日程的执行速度和效果具有不可小视的作用。

第二，处理公文。

移动终端给处理公务带来的最大便利，首先，就是可以随时随地办公，而不必像以往那样仅仅局限于固定的办公室或会议室等办公场所。特别是异地出差或者有紧急事务时，借助移动终端可以在第一时间做出及时处理，而不必担心出现延误，影响整体工作进展。其次，可以同时处理多个事宜。使用传统的办公形式，当多个事宜同时需要办理时，可能需要将事宜和相关人员进行排序等待，或是需带一堆纸质文件材料依次查阅。借助移动终端，可以一对多同时进行网上沟通交流，也可以同时打开多个文件材料随时查阅，可以实现阅览公文、做出批示、发出指令等全过程网上办理，达到事半功倍的效果。最后，可以让人在心理上处于放松状态。常言道：“手中有粮，心中不慌。”不管你人在哪里，借助移动终端，你都可以随时掌控公务情况和个人事务，而不必患得患失，担心或害怕延误处理紧急事项，对工作和生活造成不良影响。

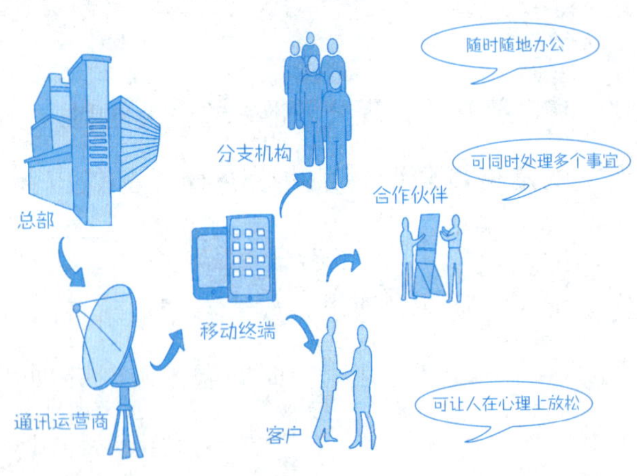

第三，记笔记。

运用终端设备记笔记有三大好处：一是方

方便记录，方便保存与查询，方便同时处理其他事务

便记录。带上一个平板电脑犹如随身携带了若干个纸质的笔记本，记录时可以把不同类别的事情分别记入不同的文件夹中，而不必担心负荷过重或者容量不够。二是方便保存与查询。相比较而言，电子版本的笔记往往主题条理清晰，排列井然有序，便于查找；还可以作为资料库，根据时间轴很容易把多年积攒的笔记随时翻查出来。三是方便同时处理其他事务。记笔记时可以随时保存或暂停，便于随时上网处理别的紧急事务，从而大大节省时间。

第四，携带常用资料。

通过云存储技术，可以在不同的移动终端间实现文件资源共享，有效地保障各项工作的延续性。所以，随身携带一个移动终端，就好比随身带着一个“万能”资料库，各种常用资料都被分门别类地“装”进去了，并保持着同步更新，而不必再通过移动硬盘、U 盘等存储介质在各个电脑间倒来倒去，也不必担心自己忘记拷贝最新的文件资料而重复劳动了，非常方便我们进行随时查阅和延续处理各类事务。

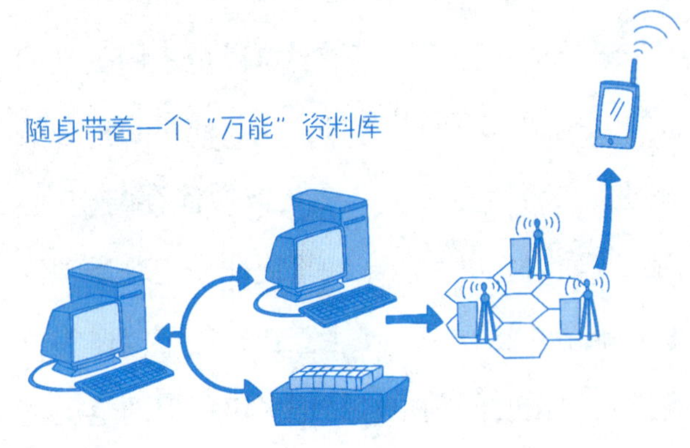

第五，撰写日记和文章。

传统意义上的手写或者电脑录入个人心得日记、读书笔记或各种体裁的文章等，如今能坚持做下来的人已经非常少见了。原因就在于，对于繁忙的都市人来说，这种方式的撰写需要占用很多的私密空间和空闲时间，需要

静下心来仔细琢磨。而借助移动终端，撰写日记和文章变成了一项相对简单易行的事情。一方面，可以随时记录创作灵感。不管什么时候迸发出思维的“火花”，我们都可以打开随身携带的移动终端，快速记录和保存下来，而不必担心被自己遗忘或无意丢失。另一方面，可以在任何闲暇或空余时间撰写。除了家中、办公室等常驻场所的时间外，在候人（车）过程中、旅途中甚至就餐休息间隙，只要你愿意，借助移动终端，这些时间都可以被用来进行创作。

第六，看新闻。

传统意义上的看新闻，通常是以看电视和纸质媒介为主，但前者往往受到节目播出时间段的限制，后者一般要在办公室看或带回家看，场合很受限制。移动互联网时代，通过移动终端可以随时随地上网看新闻，上主要门户网站尤为便利，海量的新闻信息足以让我们每个人找到自己感兴趣的内容。而且，报纸、

电视等传统媒体如今大多已“搬上”网络，完全可以实现“网上看报纸”和“网上看电视”。比如，可以把重点关注的报纸电子版网站固定下来，随时点击查阅；如果想保留报纸上的重

要文章，可以直接将图片或文字下载，便能达到“剪报”的效果。网络看电视更为简单，通过移动终端直接登录网络电视即可，既可以看当天的新闻，又可以倒查任何一天大部分电视台播出的新闻。

第七，导航。

传统的行车方式是，等行车之后利用导航仪进行引导，往往会按既定的路径（最短或高速优先等方式）而不是最佳路线进行，对于行程中的突发事件难以预先了解和有效规避。但实际上，在准备行车去一个不太熟悉的地方时，我们可以随时利用手机、平板电脑等移动

终端进行查找，预先了解行车路线和道路状况，并据此规划多个行车方案。这样的话，我们可以提前预订自己的日程安排，对可能出现的突发变故有一个心理预判，并能提前做好应急处理方案。

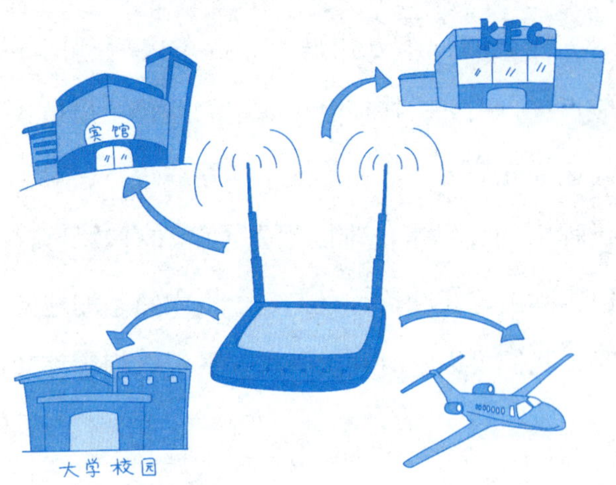

善于把身心调整到最佳状态

——六论在日常工作和生活中养成高效做事的习惯

现代社会节奏快、压力大，许多人常常处于亚健康状态。如每天睡眠不足，上班常感疲惫，遇到复杂和困难问题时心浮气躁、情绪低落，对新事物敏感度下降等。这些现象常常严重影响着人们做事的效率。

高效做事的习惯应该是：善于把身心调整到最佳状态，以充沛的精力应对每天的工作与生活。

通常有四种身心状态调节方式最为常见也最为重要，分别是情绪调节、作息调节、锻炼调节和日常保健调节。

一是善于调节自己的情绪。

俗话说："人生不如意事十有八九。"人际交往出现障碍、工作进展不顺畅、家庭关系矛盾重重、身体隐现疾患等事情，每个人都会不同程度地经历过，也会时刻影响着我们的情绪。如果一直纠结其中，只会让"不如意"无限放大和蔓延，从而影响我们的工作、生活和学习的节奏和效率，甚至造成不良后果。

对待不如意的良药就是心胸豁达、宽容、乐观。俗话说：“退一步海阔天空。”心态决定状态。

不如意或是偶然或是必然，要以平常心对待，不必念念不忘，更不能锱铢必较。在负面情绪堆积的时候，往往工作效率极其低下，这个时候没有必要强迫自己必须完成某些事务，而是通过能够激发自己良好情绪的事件转移自己的注意力。毛泽东同志曾说过：“我们的同志在困难的时候，要看到成绩，要看到光明，要看到希望，要提高我们的勇气。”也就是说，越是在情绪低落、心情烦躁的时候，我们越是要具备“阳光思维”，要多想好的方面，多做自己感觉舒畅的事情，从而调整好自己的情绪。比如，多想自己感兴趣的、值得高兴的事情，让自己快乐起来；多想自己已经具备的各种优良资源和品质，让自己乐观起来；多做自己能做好或者较为拿手的事情，让自己自信起来。当心情平静、情绪恢复正常后，再继续完成原有的工作事宜，必然会游刃有余或者文思泉涌，大大提升工作效率。

二是养成良好的作息规律。

- 必须保证充足的睡眠
- 充分有效地利用好精力充沛的时间完成工作
- 不过度使用体力

首先，必须保证充足的睡眠。尽量能做到晚上不熬夜，按时入睡；中午减少应酬，保障有午休的时间。尤其是午休，虽然时间很短，或者仅是躺下闭目养神一会儿，但作为一天工作的缓冲点，可以有效缓解上午工作的劳累，恢复体力和精力处理下午的工作事项。其次，要充分有效地利用好精力充沛的时间完成工作。比如，清早睡醒起床后，往往注意力集中且思维敏捷，完全可以用来看书、思考问题，或者思考一天的工作计划和安排。最后，不过度使用体力。不管是娱乐活动、体力劳动、体育锻炼，还是加班干活，都应该做到张弛有度，保持适度的节奏。连续地、长时间甚至通宵达旦玩游戏、看电影，强忍身体不适做高强度、高耐力的体力活，逾越身体承受能力做体育锻炼、参加体育竞技运动，疲惫不堪却坚持要完成某项工作，长时间坐在电脑前不活动等，都是过度使用体力的表现。

三是坚持锻炼身体。

所谓“身体是工作的本钱”，一个人要想做成一件事，虽然需要具备多方面的素质，但都必须依托于一个前提条件——健康的体魄。只有这样，你才会做完，才会做得更好。要保持健康的体魄，坚持锻炼尤为重要。

首先，要以提高身体机能、保持充沛的精

- 要以提高自身机能、保持充沛的精神为最低标准
- 要以便利为原则，选择适合自己的锻炼方式
- 要持之以恒，逐步实现高标准的功效

神为最低标准。锻炼身体可以实现多种功效，比如强身健体、健美、减肥、竞技制胜等，但这些对于普通人而言，可能标准过高而实现起来较为困难。

其实最为重要的标准选择应该是，通过每天的锻炼保持当天精力的充沛，高效完成一天的各种工作。比如，每天下班后往往比较疲劳，这个时候做事往往效率较低，如果有可能应走出去锻炼，放松身心。

其次，要以便利为原则，选择适合自己的锻炼方式。比如，锻炼场馆应该选择便于随时过去的地方，像单位或家庭附近的室内健身场所或公园等；锻炼的方式上，要根据个人的身

体状况且最好以方便实现为前提，避免做超出身体负荷的运动，可以多做一些徒步、慢跑、室内器械运动等简单易行的有氧运动。

最后，要持之以恒。体育锻炼难以实现立竿见影的效果，必须长期坚持，才能始终保持健康的体魄，并在循序渐进的过程中，逐步实现高标准的功效。

四是养成自我保健的生活习惯。

自我保健是现代人应该具备的一种基本素质。也就是说，必须随时掌握自己的身体状态，并进行适时的自我管理。比如，每年坚持体检，对于体检中检查出的身体机能薄弱环节，要主动补检和定期复查；在身体感觉不舒服时，要及时到医院查检，而不要肆意拖延和随便吃药了事；当身体确诊出现某种问题时，要认真对待，并保持积极的心态去应对，而不是当作一种负担置之不理，或者当作沉重的包袱从而消极悲观、一蹶不振。自我保健能力，影响着个人的生活和工作效率。特别是现今社会工作、生活节奏加快，很多人因压力过大而处于亚健康状态甚至疾病缠身。所以，更需要具备较高的自我保健能力，能主动、及时地甄别自身的各种不适，让一些身体隐患在萌芽状态即被采取措施清除掉，从而在工作和生活中始终保持身体的良好状态。

善于主动"谋事"

——七论在日常工作和生活中养成高效做事的习惯

一个人在成长的过程中，都会根据"指令"行事：很小的时候在家听从父母的安排，学生阶段根据老师的要求学习，工作后按照上级或领导的指示完成任务……在完成这些"指令"时，每个人其实有很大的自由裁量的空间，而人与人之间的差异就在于对这个空间的掌握能力高低不一。

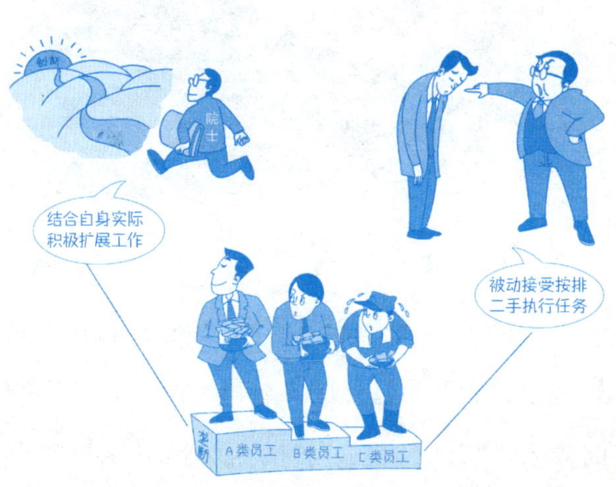

比如，有些人往往习惯于被动接受领导的安排，把自己当作“二传手”简单执行工作安排，按图索骥，领导不说就不做，或者不知还要干什么；而有些人则是结合自己和单位的实际情况与工作内容积极策划，除了创造性地完成领导交办的各项任务，还能开展一些开拓性的工作，取得意想不到的效果。

所以，高效做事的习惯应该是：善于审时度势，主动“谋事”，积极作为。

君子谋时而动，顺势而为

古语云：“君子谋时而动，顺势而为。”意思是说，聪明有远见的人会准备好，在合适的时候做出行动，顺着当时的形势做出判断，再

有所作为。学会分析自己所处的环境，顺势而为，才是成功之道。

所以，要做到"谋事"，主要有以下五点。

第一，学会把握大势，掌握需求。

"不谋全局者，不足以谋一域；不谋万世者，不足以谋一时。"大势代表方向，关乎全局，洞察大势才能高瞻远瞩，把握大势才能谋好大事。但是，观察事物不能凭直观印象，不能凭感情度量，要有理性思考。对顺应社会发展潮流趋势的、能发挥长久效应的事情，一定要有高度的敏感性，要懂得顺势而为；而对于看似热门却违背社会发展规律的事情，一定要慎思笃行，保持清醒，不要不管不顾、盲目乱动。把握大势、掌握需求要关注三个层次：第一个层次，了解世界和国家发展大势，特别是及时跟进和掌握中央、省（市）、地区的大政方针政策方面的变化，关注各地发生的重大事件；第二个层次，关注所在行业领域当前改革发展的态势、趋势；第三个层次，了解所在单位当前改革发展的总体状况、存在的问题和群众的需求。问题往往是更明确的需求，是工作的导向。只有这样，才能认清形势，把所谋之事放到国家经济社会发展甚至是世界发展的大局中进行思考；才能因地制宜，把握工作主动权，找准工作切入点，使本单位的发展做到应势而动、顺势而为，而不至于偏离航向，甚至南辕北辙。

第二，从自身基础出发，善于调度优势资源。

“金无足赤，人无完人。”一个人如此，一个单位和团队亦如此。最大限度地发挥长处、回避短处，就是对优势资源的最大化利用。一方面，要在工作规划时就充分调度好优势资源。领导者要对本单位或团队的长处和短处

有清醒的认识，面对新的方针政策，面对变化的形势和任务，要找准切入点，将新的政策要求与部门工作实际结合，最大程度地突显自己的优势和亮点，尽量避免自己的短板，或者想方设法弥补自己的不足；另一方面，要在用人时充分利用优势资源。一个人的长处，就是这个人的资源优势和核心竞争力。对于领导者来说，用人最好的标准是让被领导者尽量发挥优势长处，让其人尽其才、岗尽其用，达到"1+1>2"的效果，最大程度地避免用其所短，以免毁人坏事；对于个人来说，也要对自己有清醒的认识，尽量发挥自身长处，避免暴露自身短处，将自己的能力最大限度地发挥出来。

第三，抢抓机遇。

机遇一般是从大势的变化中而来，但在机遇面前，光有对大势的把握和自身优势资源的认识还远远不够。“心动不如行动”，在机遇面前，必须学会抢抓，必要时还要敢于“亮剑”，这是因为机遇稍纵即逝，如不抓紧，肯定会过时不候；而且，机遇面前竞争激烈，稍一犹疑，就可能会被别人捷足先登。但是，把握机遇，的确是个困难而又充满变数的事情，因此要特别注意克服两种错误的认识倾向。一种错误认识倾向是认为要有较大把握时才去抢抓机遇。实际上，当机遇来临时，竞争者纷纷伸手去抓，最终的优胜者只要比别人多一指的距离，就可能稳操胜券了。也就是说，并不需要占据绝对优势，只需要有微弱优势就能将抓住机遇的主动权在第一时间掌握在自己手中。这就需要决策者的胆识和智慧。另一种错误认识倾向认为抓住机遇一定会成功。机遇与挑战并存，是一把双刃剑，在某些情况下还伴随着一定的特定性甚至是危险性，关键要看出现的机遇与利用者之间是否适合、是否匹配。因此，领导者必须要有承受合理失败的心理能力。领导者只有允许合理的失败，才能鼓励人们大胆试验、锐意进取。

第四，善于学习，这是谋事的基础。

一方面，要向书本学习。王国维曾将读书治学的三重境界阐释为“悬思—苦索—顿悟”。

向书本学习

向实践学习

习近平总书记多次强调要把学习当作一种生活方式。书到用时方恨少，学习重在平时的积累，只有平时养成勤学好问、查疑补拙的读书好习惯，贯通古今中外、熟知同行同业，等到真正用到知识的时候，才能胸有丘壑、瞰察路径，进而厚积薄发、功到自然成。另一方面，要向实践学习。行是知之始。只有在实践中丰富和完善自我的阅历，开拓自己的眼界，才能不断提高谋事能力。

第五，落实方案，明确目标、路径和步骤。

一要合理设定目标。这是对大势的判断，对自身基础和优势、机遇等因素综合思考后的升华，是方向的具体化，可以起到凝聚人心、聚集资源的作用。领导者要善于把被领导者、群众的内在需求化为基本目标，这是领导力的关键体现。二要设计好路径。目标是彼岸，要从此岸到达彼岸，必须有路径。路径往往是对自身基础、资源等进行细致分析，比较优势后所采取的行事方略。“横看成岭侧成峰”，同样的事情交办给不同的人，往往有不同的看

法和做法，会产生不同的效果，原因就在此。三要规划好步骤。步骤是对目标、基础和资源、机遇等在时间跨度上思考后的升华。要善于把眼前能做的和将来能做的事情分开，才能区分轻重缓急，一步一个脚印。这也是为什么有的人有了目标，但却迈不开步、走不动路的原因所在。

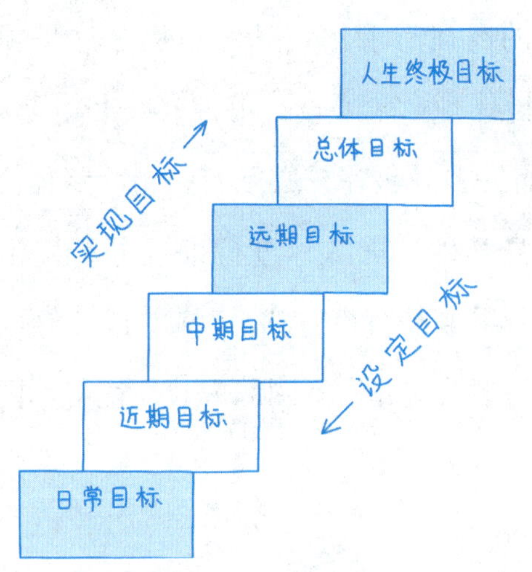

善于把握“问题导向”

——八论在日常工作和生活中养成高效做事的习惯

日常的工作和生活中，我们经常会发现这样一种现象：很多人看起来一天到晚很忙，似乎有做不完的事情，但很多时候却是忙而无效——事情都没有结果，工作没有成效，需要解决的问题依然一大堆。原因就在于，他们只是按部就班、简单地做事，既不针对问题找解决方案，也不看执行结果如何。这种工作方式等于在浪费时间，做了跟没做一个样。

每天似乎有做不完的事情，但很多时候却是忙而无效

高效做事的习惯应该是：善于增强问题意识，坚持问题导向，着力解决关键问题。

问题导向就是以解决问题为方向。问题往往是更明确的需求，是工作的导向。而检验工作成效的标准就是看是不是真正解决了问题。要坚持和践行问题导向，需要重点把握以下三个“力”。

第一，敏锐发现问题，增强观察事物的洞察力。

实际工作和生活中，问题无处不在，问题无时不有。只有及时发现问题，做到沉着应对、趋利避害，才能立于不败之地。发现问题有三个切入点。

一是善于通过对比发现问题。要通过主动学习，横纵对比，了解世界和国家发展新趋势、所在行业领域当前改革发展的新态势、所在单位当前改革发展的新动向和群众的新需求，从中把握大势、认清形势，发现新问题、新情况，作为推进创新工作的风向标。

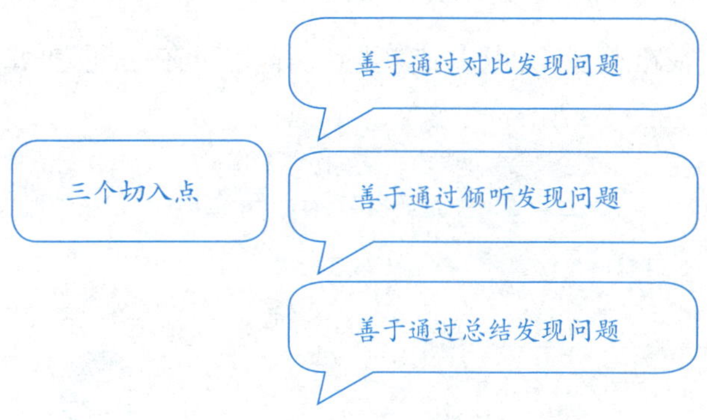

二是善于通过倾听发现问题。学会倾听是人生的必修课。认真、诚心地倾听来自领导、同事、周围群众和亲朋好友等的言论、交办的事宜，才能扩充自身的信息来源，才能在平等交流中发现问题。尤其是群众的议论、观点、想法等，往往就是查找问题的导向。要从群众最关心、最直接、最现实的利益问题入手，从群众反映最强烈的问题入手，查找出工作中存在的遗漏、不足等问题。

三是善于通过总结发现问题。前车之鉴，

后事之师。作为部门领导，要回顾总结本部门本单位的工作实践，认真吸取历史的经验教训，并在对照现实问题中得到新的认识；作为普通员工，要结合本职岗位和自身成长经历，找准思想认识上或实际工作上存在的问题和不足。

第二，敢于正视问题，提高分析问题的判断力。

问题的背后往往隐藏着多种因素，只有始终保持正视问题的清醒，层层地抽丝剥茧，去粗取精，由表及里，问题的根源才会暴露在我们的面前，才能找准症结所在，找到从根本上解决问题的办法。正视问题有三个着力点。

一是善于去伪存真，透过现象看本质。一个人每天都要处理许多具体工作，也可能要面对纷繁复杂的问题，甚至是令人头痛的难题。"不畏浮云遮望眼"，在这样的情况下，更不能被表象问题占据全部精力，甚至偏离正确方向，而是要通过自己的经验、学识、阅历等，见微知著、察形见势，透过现象看本质、撇开枝节抓根本，对解决问题的关键节点做出明确抉择。

二是善于结合实际，具体问题具体分析。同样的问题，对于不同的单位和个人具有不同的意义。因此，要结合本单位实际，通过对具体问题的具体分析，弄清楚哪些是体制机制弊端造成的问题，哪些是工作责任不落实造成的问题，哪些是工作拖沓延误造成的问题，哪些是条件不具备一时难以解决的问题等。从而做到有的放矢、对症下药，真正解决问题。

三是善于总览全局，紧紧抓住关键问题。只要抓住并解决了关键问题，就能带动全局工作，推进整体事业全面发展。因此，分析问题既要“弹钢琴”，又要“牵牛鼻子”。要坚持胸怀大局、着眼大事，始终抓住事关发展全局和长远发展的紧要问题、关键问题，进而找到破解难题的主攻方向。

第三，自觉解决问题，提升关键方案的执行力。

“纸上得来终觉浅，绝知此事要躬行。”当发现问题产生的原因后，就必须迅速采取行动。自觉解决问题有四个落脚点。

一要敢于担当，养成迎难而上的工作习惯。很多人之所以觉得问题难以解决，是因为潜意识里对问题有惧怕感，总想逃避，一怕承担责任，二怕解决不好。但越是这样，就越无法解决问题。因此，一旦遇到困难和问题，一定要养成这样的习惯：必须有勇于承担的责任感，要发挥自己或本部门的所有潜能，要保障有最高效的落实行动。

要发挥自己或本部门的所有潜能，要保障有最高效的落实行动

二要分清问题的轻重缓急，将主要精力放在最重要的事情上。根据轻重缓急程度，问题一般可以归为四类：第一类为重要且急迫的问题，第二类为重要但不急迫的问题，第三类为不重要但很急迫的问题，第四类为不急迫也不重要的问题。其中，第一类和第二类问题需自己亲自完成，而第三类和第四类问题完全可

以交办给部属完成或者请同事、朋友等帮忙完成。一个单位或个人的最佳工作状态应该是经常解决重要而不急迫的问题，一般状态是经常解决急迫且重要的问题，最糟的状态则是每天疲于解决不急迫也不重要的问题。造成最糟状态的原因就在于平时堆积问题过多，做事完全不讲究章法和实效。

三要对面临的风险有充分的预判，做好充足的准备。“凡事预则立，不预则废。”首先，明确将困难摆出来，让大家能够正视困难，做好迎接困难的各种准备。其次，要有远见，为明天或后天的事情做好准备，将一些问题、隐患消灭在萌芽状态。再次，善于发现问题背后的机会，要充分利用自身优势资源，变阻力为动力。最后，要深入实践学习，认真汲取群众解决问题的智慧。要虚心向处于实践第一线的群众求教，真心实意地为基层群众解决他们所关注的各种难题，努力找到真正解决问题的好办法，形成群众乐于反映问题和高效解决问题的良性循环。

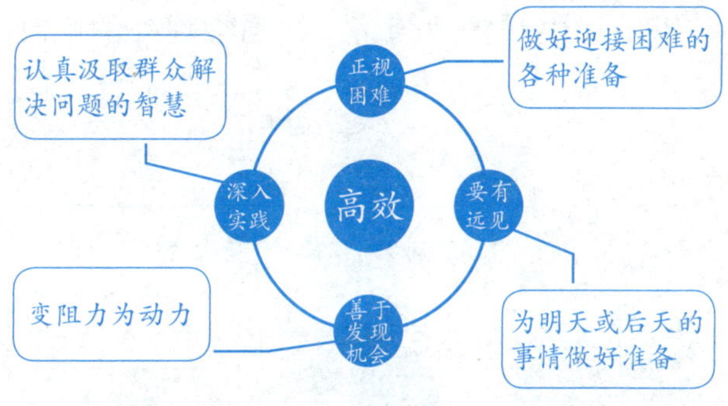

四要多角度思考问题，拿出多种解决方案。一方面，在面临问题时，千万不要与问题正面交锋，而要学会迂回、侧面、多角度地思考问题，或许会产生更多解决问题的办法。比如，遇到矛盾纠纷时，要弄清楚问题双方的对立矛盾是什么，以此为基础寻求共赢或者多赢点，往往是解决问题的最佳方式。另一方面，在解决一个问题或难题时，要拿出多种解决方案，设想更多的可能性。设想的可能性越多，开启问题之门的钥匙就越多，成功的概率就会越高。比如，在解决问题时，如果一个方案耗时又耗力，那么不妨另换他法，既节省时间，也节省精力。此外，解决问题有时候是“非常之事有非常之法”，要结合实际，善于突破思维局限和常规套路，找到常规外的解决方法。

多角度地思考问题

设想更多的可能性

为明天做好准备

——九论在日常工作和生活中养成高效做事的习惯

在日常工作和生活中，人们每天所面对的事情根据轻重缓急程度，一般可以归为四类：第一类为重要且急迫的事情，第二类为重要但不急迫的事情，第三类是不重要但很急迫的事情，第四类是既不重要也不急迫的事情。

通常处理这些事情的先后顺序或原则是：第三类、第四类事情也就是不重要的事情随手做，不花太多精力，先做第三类再做第四类；腾出主要精力放在第一类、第二类事情上，先做好第一类既重要且急迫的事情，再做第二类即重要但不急迫的事情。

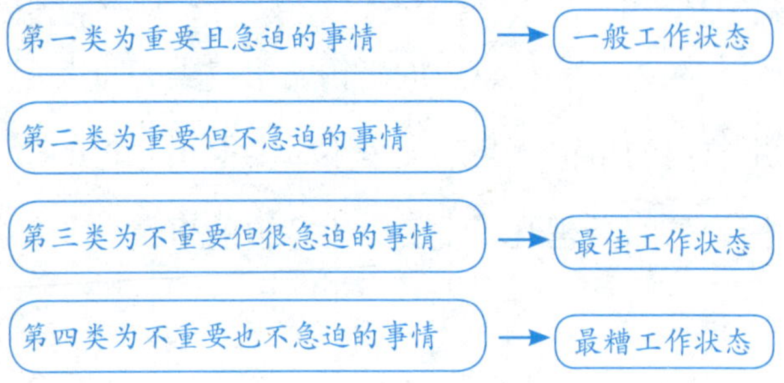

如果大家处理这四类事情井然有序，在工作中也必然是从容不迫的状态。但实际上，很多人疲于解决各种问题，经常处于忙乱不堪的状态，或者手头的事堆积如山、久拖不决。

为什么会出现这种忙乱的状况呢？其实并非处理事情的顺序有误，而是因为面对的急事太多,应接不暇。究其根源,实质上还是“欠账”太多。一句话说得好：欠下的总要还的。

本该及时处理掉的事情没有及时处理，从而把不急迫的事情拖成了急迫的事情，结果许多急迫的事情堆积在一起，忙乱在所难免。所以，我们要在做好重要且急迫的事情的同时，通常也要及时做好不急迫的事情，从而避免把它拖成急迫的事情。

而要避免把不急迫的事情拖成急迫的事情，为明天做好充足的准备，关键是要提高预见性，掌握工作的主动权。

一要善于思考，具有广泛、快速的信息获取能力。

充分的信息是正确决策的前提和基础。特别是当前社会知识更新、信息传播速度及大众接受信息能力的加快，使个人掌握工作主动权的难度逐渐加大。要增强工作的预见性，必须拥有对周边环境和内部信息的广泛、快速的获取能力。

首先，要注重调查研究，掌握大量第一手准确的信息。认识来源于实践，而预见也不能凭空想象。只有深入实际，及时了解实际情况，获取大量的第一手资料，才能把握事物当前的真实走向，从而做出正确的判断，提高驾驭工作的能力。尤其是通过收集第一手资料，可以掌握工作最新进展，发现潜在的各种问题和可能发生的变化，为增强预见性提供有利条件。

其次，要充分利用现代科技手段获取各类最新资讯。当今社会信息技术日益发达，个人只有融入其中，实现对信息的快速查阅、存储、更新和鉴别，才能在处理各类事情的时候，做到心中有数、遇事不慌，进而提高决策的主动性和预见性。

二要见微知著，具有客观、敏锐的洞察能力。

事物在其产生或变化过程中一般都表现出一些征兆或迹象，为人们预见未来提供了线索和依据。只要善于观察分析，及时察觉捕捉，就可以推断未来趋势。同样的信息，不同的人可能会有不同的处理方式：有的人不以为然，漠然置之，最终酿成大错；有的人却见微知著，迅速采取措施，防患于未然。这其实就是源于个人的洞察力高低不同。

因此，要增强洞察力，提高决策的预见性，首先，要勤于动脑，具有去伪存真的信息鉴别能力。在当今“信息爆炸”的时代，面对铺天盖地、随手可得的各类信息，个人必须提高自身素质，对这些无序的信息进行去伪存真的分析判断、筛选加工，选取对自己有价值的各类信息，从而高瞻远瞩，超前思考，较准确地预

见未来社会发展的态势和需求、个人工作中的发展变化和可能发生的突发事件等，从而制订出具有预见性的各种对策、计划或方案。其次，要防微杜渐，防患于未然。要时刻关注国际国内形势、关注社会动向、关注热点问题，善于从全局、整体、长远出发，用联系发展的观点看问题，把握住大机遇的蛛丝马迹或者危机、突发事件出现的苗头，以小知大，以近知远，见微知著，重在防患于未然，以增强预见的针对性和有效性。

三要探索规律，具有准确、迅速的预判处理能力。

有了真实准确的信息，还必须做出科学的分析判断，得出正确的结论，进而提出解决办法并付诸行动，这样，预见才有实用价值。

首先，要定期总结，掌握事情发展动向。一方面，要定期总结工作的阶段性成果，特别是经验和教训等，掌握一定时期相关工作的主流动向，这样就使我们的工作开展避免极大的盲目性、被动性，增强针对性、主动性；另一方面，在一定时期，在某些问题面前，一些事情的出现、发展和变化总带有一定的周期性特点，人们思想、情绪的反映和变化也总带有一定的行为倾向，我们要注意并掌握其特点，探索出规律，预测变化趋势，及早采取解决方案或措施。

每天花 5 分钟改进自己的工作，在 5 年里将使同一个工作被改进 1200 余次。

其次，要雷厉风行，快速有效处理事情。有的人认为，不着急的事情，有些是尚未出现或尚未摆在面前的，即使摆在面前也并不需要马上处理，完全可以放一放、等一等，这种认识并不全错，但它的害处是有时会贻误预见和解决问题的最佳时机，或者导致跟不上形势变化，丧失工作的主动权。为此，要坚持具体情况具体分析，不同的问题要有不同的解决办法。对于一些有可能影响全局或者其他事情进程的事情，处理起来必须雷厉风行，争取主动，不能等等看看、拖拖拉拉。

“凡事预则立，不预则废。”科学地预见工作的基本进程和结局，设想多种方案，做多手准备，适时对工作实施调整与控制，避免和减少工作的盲目性。这是处变不惊，应对自如，取得工作主动权的重要条件。

如果你想明天后天乃至未来都能从容不迫，那么现在开始就为明天而准备吧。

认真做事只能做对，用心做事才能做好，认真加用心做事才能做完美。

顺势而为

——十论在日常工作和生活中养成高效做事的习惯

在日常生活中，经常听到有人或抱怨或遗憾地说：要是早几年买房子就好了，那时房价很便宜，现在却涨了好多倍，涨幅已经远远超过了这几年努力挣钱的总收入。人们常常为过去没有抓住机遇而感叹和后悔。其实，在感叹后悔时，今天的机会正在从身边悄悄溜走。思维方式不改变，缺乏机遇意识，过去的机遇抓不住，今天的机遇同样也抓不住。个人的事情是这样，单位和集体的事情也是如此。

高效做事的习惯应该是：善于顺势而为，抓住机遇。

顺势而为，就是在谋划发展和组织实施战略时，遵循事物发展的客观规律，顺应国内外政治、经济、科技、社会等方面的发展方向。只有顺势而为，才能更多地汇集资源、凝聚力量，形成合力；只有顺势而为，才能更好地降低消耗、减少阻碍，借力前行；只有顺势而为，才能更快地抢占先机、超越时代，把握未来。当然，顺势而为与看风使舵是完全不同的，两者的最大区别在于，前者顺应的“势”是长远的势、全局的势、得人心的势，后者所看的“风”是眼前的风、局部的风、失人心的风。

要做到顺势而为，关键在三点。

一要审时度势。就是要准确判断形势发展方向和当前态势，既要分析外围环境的变化，又要分析自身的优劣短长，从中发现方向、找到机遇。随着时代的发展、环境的变化，原有的劣势可能会变为优势，原有的优势也可能会失去，甚至转化为劣势。比如，北京物资学院地处通州，过去是北京地区位置较为偏僻的高校。但随着北京城市副中心的建设，通州成了最引人注目的地区，北京物资学院的区位劣势也转变成了区位优势，学校的发展也迎来了非常难得的良好形势和机遇。

二要顺势而谋。就是要根据态势的发展变化谋划制订出相应的发展战略或行动方案。对形势的分析研判不是目的，而是前提和手段，关键是要将思考的成果转化为如何行动的方案。这种转化需要经验、需要见识和眼光、需要创新性思维，更需要开拓进取的意识和内在动力。一个集体或个人，如果缺乏开拓进取的意识和内在动力，就不会主动谋划发展、推动发展，面对问题和困难也不会主动解决，而是绕道而行或怨天尤人。激发开拓进取的意识和内在动力的关键是责任意识，责任使人担当、责任使人进取、责任使人成长。

三要因势而动。有了战略或行动方案，关键还要做好落实。落实中，要把握好以下几个原则：第一，如果没有等待恰当时机的必要，决定的事就要马上办，绝不拖延；第二，做事要到位，要一做到底，努力追求最终成效；第三，及时与上级和有关人员沟通进展情况，并根据反馈情况进行相应调整；第四，遇到情况变化时能随机而变，特别是当机遇出现时，要

牢牢把握并果断出击，而当危险来临时，要有风险防范的敏感和措施，全力做好避险工作。

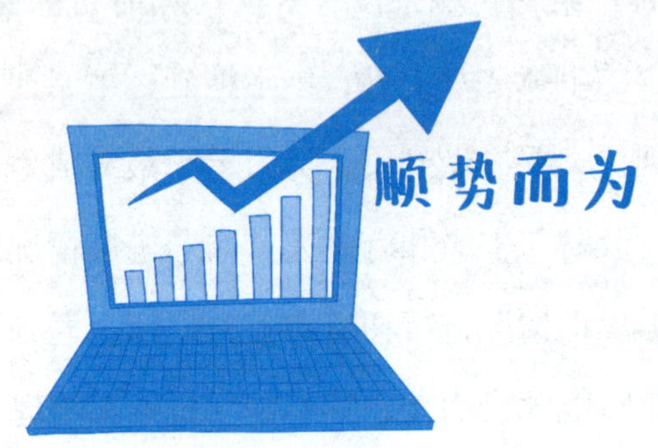

化被动接受任务为主动谋事

——十一论在日常工作和生活中养成高效做事的习惯

日常工作和生活中经常有这样的现象：有的人说，最近的事太多了，常常应接不暇；也有的人说，上级布置的工作太多了，常常难以应对，每天都是在疲于应付，等等。还有更多的人觉得工作就是不断地完成领导交办的任务，自己的主动性与创造性无法发挥，导致工作情绪低落、效率不高、成就感不强。

高效做事的习惯应该是：接到任务时，善于变被动接受为主动谋事。

具体地说，主要有以下六种途径。

第一，准备性谋划，即经常主动向上级汇报工作，加强沟通，获取指导和支持。上级领导或机关在交办任务之前，有时会采取各种方式让下级知道即将或可能要做的重要事项。下级如果能够提前得知相关信息，就可以未雨绸缪，早做准备，以免到时反应迟缓或忙乱无措。

第二，系统性谋划，即对上级领导或机关交办的任务有全面的、系统的理解和认识。一方面，要分清局部和全局，把自己负责的工

作范围看成局部，把更高一级或两级的层面看成全局，将所接受的任务放在全局中思考，分清“左邻右舍”，找准自己的位置；另一方面，要把握纵向与横向关联，把上级本次交办的任务与以前交办的任务联系起来、与自己负责的工作范围的实际情况联系起来，系统思考和谋划。

第三，高标准谋划，即把完成任务的标准和自我要求定得高一些。体育比赛中，每个项目都有许多选手参加比赛，但获取名次的常常只有前三名，其他选手虽然也花费了许多时间和精力，但效果并不理想。体育比赛名次的差

别，很多是实力的差别。“成绩并不重要，重在参与”这句话，往往是实力相差悬殊时所采取的态度。但在我们的实际工作中，差别很多时候往往并不在于实力而在于态度，在于重视不重视，在于认真不认真，在于努力不努力，在于用心不用心。当然，我们不必事事都去争先进，有轻有重才是统筹，有弱有强才是正常。但令人扼腕的是，我们往往还没有到拼实力的时候，就先输在了自暴自弃、自降标准、得过且过的态度上。因此，在关键的事情上、在实力相差不大的事情上，只有把标准和要求定得

高些，才会有创新的动力，才会有进取的热情，才能求得发展与进步。

第四，结合性谋划，即在接到新任务时，要思考任务与手头的其他工作有无相互联系，在此基础上进行再谋划。努力将新任务与有相关性的其他工作结合起来，力求在做一件事的同时完成多项任务。俗话说："上有千条线，下有一根针。"意思就是，要善于把接到的各项任务进行整合和再设计，通过组织一项或少数几项活动达到完成多项任务的目的。譬如，我们经常会被要求写一篇总结或其他材料，如

果只是简单完成这项任务，那么写完上交也就表示结束了。但如果在完成过程中，还考虑到可以把总结或材料作为一篇文章来发表，那么在写作时多找些材料，将总结或材料写得再完善一些，成果最终被公开发表，增强个人或成果影响力，岂不是一举两得？

第五，借力性谋划，即碰到属于自己工作范围内需要解决却由于各种原因难以解决的问题时，要善于借助上级工作部署加以推动。这样往往能更容易统一思想，即所谓“名正则言顺”。借力的方式可以是主动向上级汇报，求得支持，以上级名义统一开展工作；但

更多时候，自己要有机遇意识和敏感性，善于利用上级的工作部署，将其与自身要开展的工作有机结合，借势而为，既落实上级工作要求，又推动自身工作发展。比如，一项工作在推进过程中，需要多个部门相互协调配合，与多个部门存在利害关系，存在的问题需要多个部门沟通解决等，依靠单个部门的单打独斗只会让工作停滞不前或者引发重重矛盾，这就需要借助上级部门的力量实现多部门协调配合，共同推进工作。

第六，开拓性谋划，即按照上级部署完

成任务过程中，能在完成上级“规定动作”的同时，也能创造性地做出些“自选动作”。要做到开拓性谋划，首先，要有创新思维。要有敢为人先的勇气和魄力，要有认识和把握规律与趋势的能力。其次，要立足实际。上级的部署往往针对很多的单位和部门，带有普遍性，而每个单位或部门的情况都不一样，带有特殊性。因此，落实上级部署必须从自身实际出发，这既是保证上级部署切实得到执行的基础，也是开拓性谋划的基石，是谋划工作能够产生实效和特色的源泉所在。最后，要有问题导向。

开拓性谋划不能为求新而立异，而要切实地解决问题。问题的产生往往是由于旧制度或旧思维不起作用了，因此，解决问题必须依靠改革创新。而创新的思想与方法更多的是在发现问题、解决问题的过程中产生。

总之，对于接受的各项任务，多发挥个人主观能动性的谋划，被动就有可能变成主动，单调的工作就可能变得更有创造性，低效的状态就可能变得高效些，何乐而不为呢？

借力而行

——十二论在日常工作和生活中养成高效做事的习惯

人们在日常工作和生活中经常会遇到各种难题，依靠自己的力量和现有的方法始终无法解决。如果能拖一拖等待时机和条件成熟后再解决当然是一种办法，但如果无法再拖那将会一筹莫展陷入困境。这种时候人往往会觉得自己能力不行，甚至会产生自卑心理。

高效做事的习惯应该是：善于借力而行。所谓借力，就是要善于借助环境、借助他人、

借助组织的资源和力量去完成任务。

《荀子·劝学篇》言：“登高而招，臂非加长也，而见者远；顺风而呼，声非加疾也，而闻者彰。假舆马者，非利足也，而致千里；假舟楫者，非能水也，而绝江河。君子生非异也，善假于物也。”这段话说的其实就是借力的道理，不过只提到了借助物力。在中国历史上，汉高祖刘邦深谙借力之道。刘邦说过，运筹帷幄，决胜于千里之外，我不如张良；抚慰百姓，供应粮草，我又不如萧何；领兵百万，决战沙场，百战百胜，我不如韩信。可是，我能发挥他们的才干，这才是我们取胜的真正原因。懂得借力，就能够以小博大，以弱胜强，以柔克刚，就能够四两拨千斤。

一般而言，借力的途径主要有以下四种。

一是借力发展大势,顺势而为。人们常说，形势逼人强。借力发展首先就要顺应趋势和潮流，而不能逆潮流而动，否则就会南辕北辙，甚至会被历史的车轮无情碾压，成为时代的弃儿。小米科技创始人雷军的飞猪理论，说的就是这个道理。他说，风来了，猪都能飞起来。

二是借助别人的智力，集思广益。我们常常在某项工作任务失败后说，“我们已经尽全力了”，这样的说法仅是让自己有所安慰。但

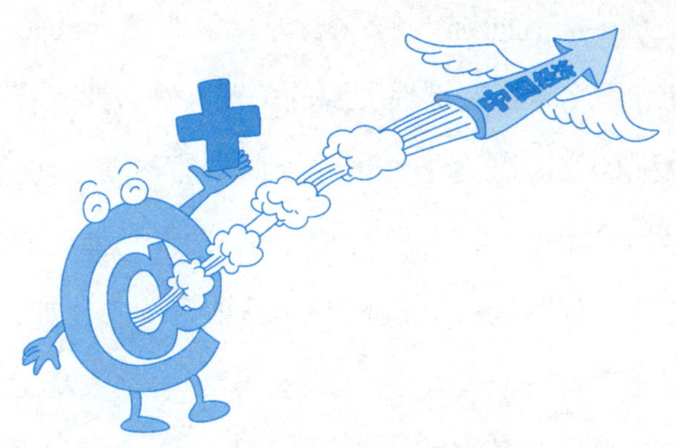

却不知道，所谓的全力以赴，不光是指尽自己的“全力”，还应当善于借助别人的“外力”。因为在烟波浩淼的知识海洋和包罗万象的大千世界里，个人的力量毕竟是渺小的。俗话说，三个臭皮匠，顶个诸葛亮。

三是借助别人的影响力，争取别人的帮助。很多掌握关键性资源的关键人物，拥有着很强的资源型力量。这些资源虽然不属于你，但如果能接触到这些关键人物，争取到他们的支持，你就能够有效地利用这些资源。比如，传播学有一个名人效应理论，其内容是大众的注意力是有限的，而名人往往是大众注意的焦点，如果能运用好名人的影响力，就能很好地影响大众。

四是借助所在组织或平台的力量。不同的机构、不同的岗位、不同的平台往往具有不同

的势能。平台上的人之所以有影响力，一个原因是个人的因素，但更主要的原因是来自平台的势能。每个人都处于相应的平台，用好自己已有的平台、争取更高势能的平台，才能做更多的事情。

当然，借力而行的最高境界是变阻力为助力、化危险为机遇。古语说：“祸兮福之所依，福兮祸之所伏。”世界上没有绝对的事情，关键看你会不会转化。善于借力解决问题的人，经常会利用多种资源和条件，将那些看起来阻碍发展的因素变成解决问题的关键。危机对个人或组织而言，可能是一场灾难或考验。但危机面前必然会受到各方关注，如果能采取合适的对策妥善处理，你也会因为出色的表现而获得大家的认可，在危机过后获得更多的机遇。

总之，借力是能力，也是勇气，更是智慧，需要我们好好地琢磨和践行。